LA GRAN DEPRESIÓN

JOHN O'MARA
TRADUCIDO POR ALBERTO JIMÉNEZ

Gareth Stevens PUBLISHING

Please visit our website, www.garethstevens.com. For a free color catalog of all our high-quality books, call toll free 1-800-542-2595 or fax 1-877-542-2596.

Library of Congress Cataloging-in-Publication Data

Names: O'Mara, John, author.
Title: La Gran Depresión / John O'Mara.
Description: New York : Gareth Stevens Publishing, [2020] | Series: Conoce la historia de Estados Unidos | Includes index.
Identifiers: LCCN 2019012451| ISBN 9781538250426 (pbk.) | ISBN 9781538250440 (library bound) | ISBN 9781538250433 (6 pack)
Subjects: LCSH: Depressions--1929--United States--Juvenile literature. | United States--History--1919-1933--Juvenile literature. | United States--History--1933-1945--Juvenile literature.
Classification: LCC HB3717 1929 .O43 2020 | DDC 330.973/0916--dc23
LC record available at https://lccn.loc.gov/2019012451

First Edition

Published in 2020 by
Gareth Stevens Publishing
111 East 14th Street, Suite 349
New York, NY 10003

Translator: Alberto Jiménez
Editor, Spanish: Rossana Zuñiga
Editor: Therese Shea

Photo credits: Series art Christophe BOISSON/Shutterstock.com; (feather quill) Galushko Sergey/Shutterstock.com; (parchment) mollicart-design/Shutterstock.com; cover, p. 1 New York Times Co./Archive Photos/Getty Images; p. 5 Syda Productions/ Shutterstock.com; p. 7 Doucefleur/Shutterstock.com; p. 9 courtesy of the Library of Congress; p. 11 Library of Congress/Corbis Historical/Getty Images; p. 13 AFP/Getty Images; p. 15 Frederic Lewis/Archive Photos/Getty Images; p. 17 Hohum/Wikipedia Commons; p. 19 Library of Congress/Wikipedia Commons; p. 21 General Photographic Agency/Hulton Archive/Getty Images; p. 23 Bettmann/Getty Images; pp. 25, 27 Historical/Corbis Historical/Getty Images; p. 29 PNA Rota/Hulton Archive/Getty Images.

Printed in the United States of America

Some of the images in this book illustrate individuals who are models. The depictions do not imply actual situations or events.

CPSIA compliance information: Batch #CW20GS: For further information contact Gareth Stevens, New York, New York at 1-800-542-2595.

CONTENIDO

Las palabras del glosario se muestran en **negrita** la primera vez que aparecen en el texto.

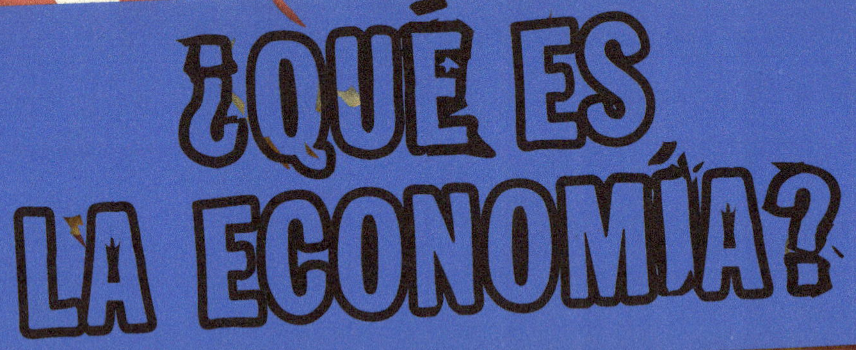

¿QUÉ ES LA ECONOMÍA?

Si ves o lees las noticias, oirás hablar de la economía del país. La economía consiste en todas las formas de ganar y gastar el dinero. Tiene que ver con la manera en que la gente hace, compra y vende bienes, productos y servicios.

SI QUIERES SABER MÁS

Los bienes son objetos que se compran, como los juguetes. Los servicios son actos que se pagan, como la enseñanza.

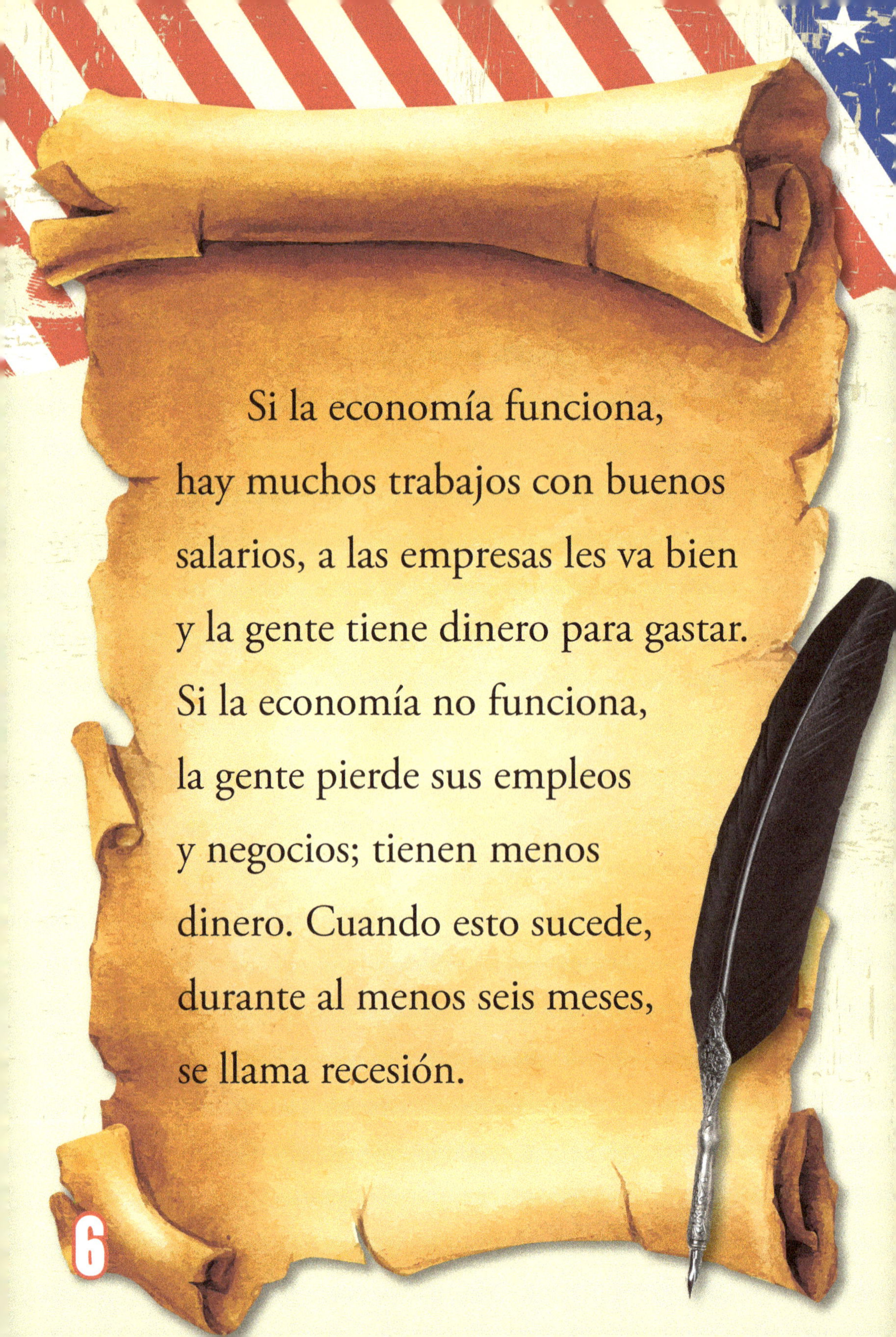

Si la economía funciona, hay muchos trabajos con buenos salarios, a las empresas les va bien y la gente tiene dinero para gastar. Si la economía no funciona, la gente pierde sus empleos y negocios; tienen menos dinero. Cuando esto sucede, durante al menos seis meses, se llama recesión.

SI QUIERES SABER MÁS

Es normal que una economía crezca y se contraiga, o empeore, en diferentes momentos.

DE LA RECESIÓN A LA DEPRESIÓN

Algunas veces la recesión puede volverse **grave**. La economía empeora y se prolonga por más tiempo; la gente sufre de muchas maneras. Esto se llama depresión. La famosa depresión en la historia de Estados Unidos comenzó en 1929 y, por su gravedad, se le llamó la Gran Depresión.

SI QUIERES SABER MÁS

La recesión o la depresión puede ocurrir por muchas razones, como una guerra o un aumento o descenso excesivos de la **producción** de bienes.

LOS FELICES AÑOS VEINTE

En la década de 1920, mucha gente se enriqueció comprando acciones, participaciones en la propiedad de una empresa. A medida que el éxito de una empresa crecía, el precio de sus acciones subía. Ciertas personas incluso pidieron **créditos** para comprar acciones.

SI QUIERES SABER MÁS

La bolsa, o mercado bursátil, es un mercado donde se compran y venden valores, como acciones y **bonos**. También es el lugar donde esto sucede, como la Bolsa de Valores de Nueva York.

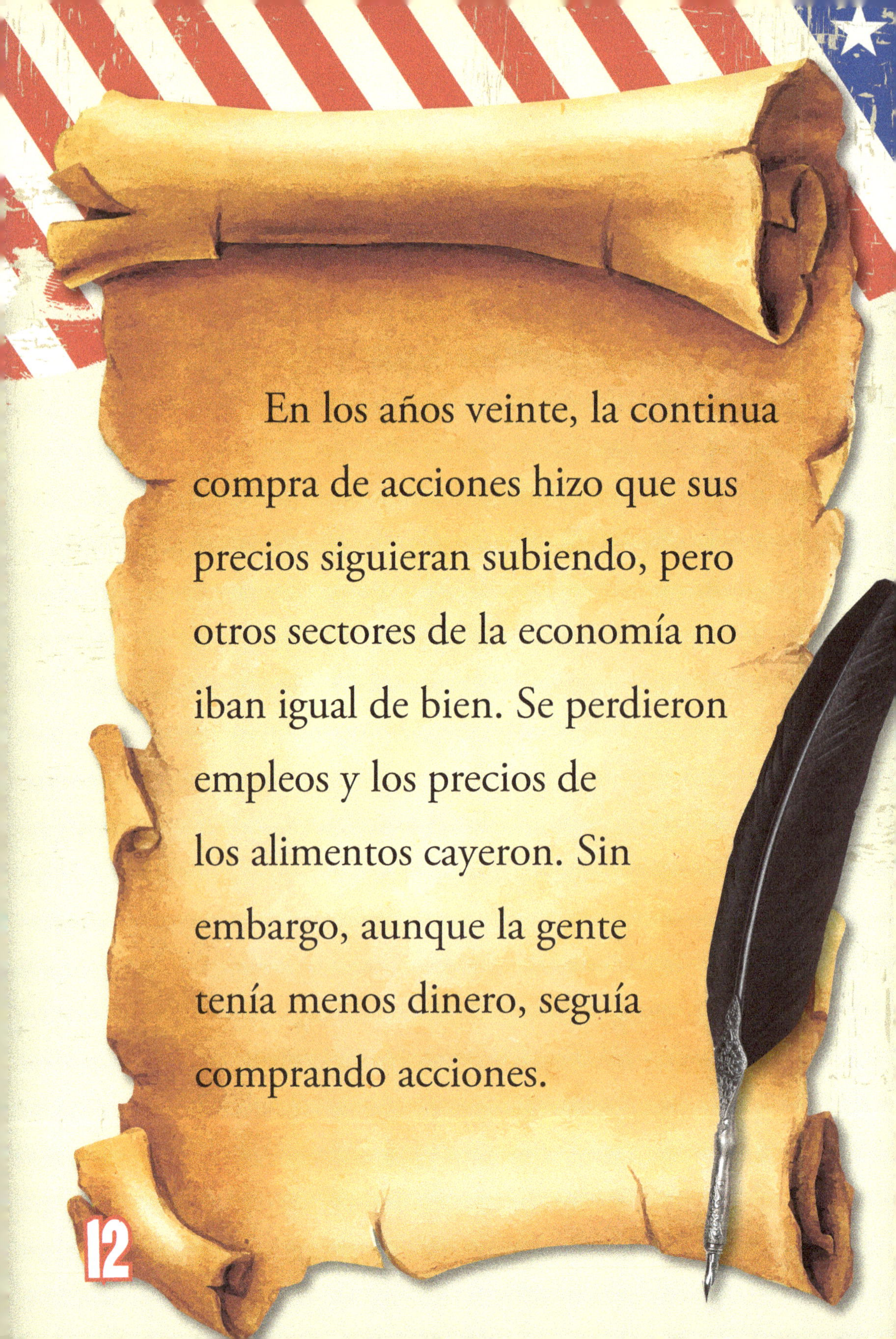

En los años veinte, la continua compra de acciones hizo que sus precios siguieran subiendo, pero otros sectores de la economía no iban igual de bien. Se perdieron empleos y los precios de los alimentos cayeron. Sin embargo, aunque la gente tenía menos dinero, seguía comprando acciones.

SI QUIERES SABER MÁS

La gente compraba acciones porque esperaba venderlas por más dinero del invertido en ellas.

EL CRAC DEL 29

Las acciones alcanzaron precios (su cotización bursátil) mucho más altos que su valor real. En septiembre de 1929 empezaron a caer. La gente se apresuró a vender sus acciones antes de que bajaran más. El 24 de octubre de 1929, se vendieron alrededor de 13 millones de acciones y se inició el desplome de la bolsa.

The Philadelphia Inquirer Co. WEATHER—Cloudy a b c d e f g TWO CENTS

STOCK VALUES CRASH IN RECORD STAMPEDE; BANKERS HALT ROUT

CURIOUS JAM WALL STREET TO SEE THE 'SHOW'

Huge Crowd Throngs "Money Lane" Seeking Thrill in Battle of Bulls and Bears

Butcher, Baker and Candlestick Maker Rush to View "World Series" of Finance

From The Inquirer Bureau.

NEW YORK, Oct. 24.—Huge crowds in a holiday mood resembling a confetti of faces from the upper stories of Wall Street skyscrapers surged up and down the narrow ... financial district today ...

... housewives, truck drivers, teamsters, longshoremen from the nearby docks, bus conductors, collegians, as well as the butcher, baker and candlestick maker were in the mob hoping to see a world series of finance enacted before their eyes. Prosaic truth

Stock Slump Fails to Dim Tax Cut Hope

WASHINGTON, Oct. 24 (A. P.).—The view that the recent slumps in the stock market will not affect the administration's tax-reduction programme is held by Treasury officials.

The officials regard the slumps as being more in paper profits than in actual values and believe the action was in the nature of a readjustment of the market and that stock prices generally still were above those paid by people who bought them at ordinary stages some time ago.

BUSINESS OF NATION UNSHAKEN, DECLARE TREASURY OFFICIALS

Offi...

Probe Wall Street

Special to The Inquirer.

WASHINGTON, Oct. 24.—Amid renewed demand from Capitol Hill for an investigation of Wall Street, the Federal Reserve System and the ...

UPSWING ENDS WILD SELLING IN 12,894,650 DAY

N. Y. Exchange Sees Most Violent Drop in Prices Since 1914; Ticker Hours Late

Market Rallies as Morgan and Other Financial Groups Meet and Issue Statement Declaring Trade Sound

From The Inquirer Bureau.

NEW YORK, Oct. 24.—Long withheld buying powers and the reassuring statements of America's most powerful banking interests came to the support of the ...ock market today and ...ht otherwise ...

... never before equaled in volume, rapidity of fluctuations or in... reporting services.

When the final check-up was completed late in the evening it was found that 12,894,650 shares had been traded during the day's session.

Profits Disappear

SI QUIERES SABER MÁS

Días después, el 29 de octubre de 1929, se vendieron más de 16 millones de acciones en el llamado Martes Negro. Entonces sus precios cayeron aún más.

QUIEBRA BANCARIA

La gente perdió la confianza en los bancos y trató de retirar su dinero, pero muchas entidades bancarias no tenían suficiente efectivo para todos ya que habían utilizado gran parte de sus fondos en créditos e **inversiones**. En 1933, una quinta parte de los bancos del país había quebrado.

SI QUIERES SABER MÁS

Los bancos también quebraron porque los clientes no pudieron devolver los créditos que les habían otorgado.

QUIEBRA EMPRESARIAL

Al tener poco dinero, la gente compraba menos y las empresas que fabricaban bienes disminuían la producción o cerraban. El número de desempleados aumentó. En el año1933, quince millones de estadounidenses estaban sin trabajo, y quienes lo conservaban ganaban menos.

SI QUIERES SABER MÁS

Durante la Gran Depresión, **sequías** y tormentas de polvo azotaron las Grandes Llanuras. Los granjeros lo perdieron todo. Millones se marcharon, pero no encontraron trabajo.

VIVIR EN LA GRAN DEPRESIÓN

La Gran Depresión provocó que millones de estadounidenses vivieran en la **miseria**. La pérdida del empleo llevó el hambre y el sufrimiento a muchas familias. Los que no tenían ni para comer, formaban largas filas a fin de obtener gratis pan, sopa y otros alimentos.

SI QUIERES SABER MÁS

Durante este periodo, Estados Unidos compró menos bienes a otras naciones y prestó menos dinero. La Gran Depresión se extendió también a otros países.

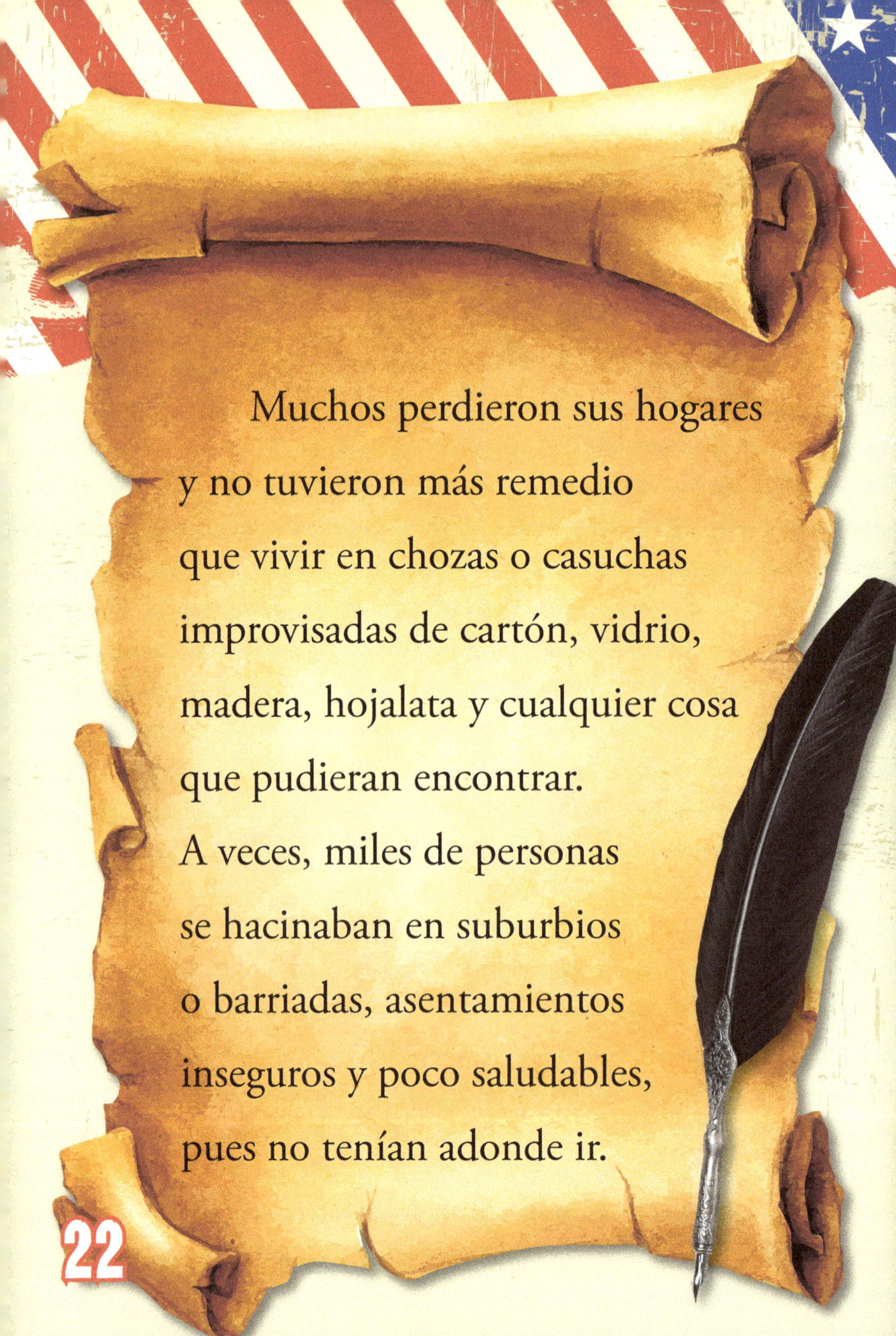

Muchos perdieron sus hogares
y no tuvieron más remedio
que vivir en chozas o casuchas
improvisadas de cartón, vidrio,
madera, hojalata y cualquier cosa
que pudieran encontrar.
A veces, miles de personas
se hacinaban en suburbios
o barriadas, asentamientos
inseguros y poco saludables,
pues no tenían adonde ir.

SI QUIERES SABER MÁS

Muchos culpaban al presidente Herbert Hoover de la depresión, o de no haberla atajado a tiempo; llamaban *Hoovervilles* a los barrios de casuchas.

DE HOOVER A ROOSEVELT

El Gobierno **federal,** presidido por Herbert Hoover, trató de reactivar la economía. Sin embargo, la vida no mejoró con suficiente rapidez. En 1933, Franklin D. Roosevelt se convirtió en presidente de Estados Unidos y dio inicio a un **programa** llamado Nuevo Trato para luchar contra la Gran Depresión.

SI QUIERES SABER MÁS

Una de las primeras cosas que hizo Roosevelt fue cerrar los bancos hasta que el Gobierno estuvo seguro de que no iban a quebrar.

EL NUEVO TRATO

El Nuevo Trato creó millones de empleos. Por ejemplo, el Cuerpo Civil de Conservación y la Administración de Obras Públicas, dieron trabajo para plantar árboles y construir puentes. Los trabajadores de la Administración del Progreso de Obras, construyeron carreteras, escuelas y aeropuertos.

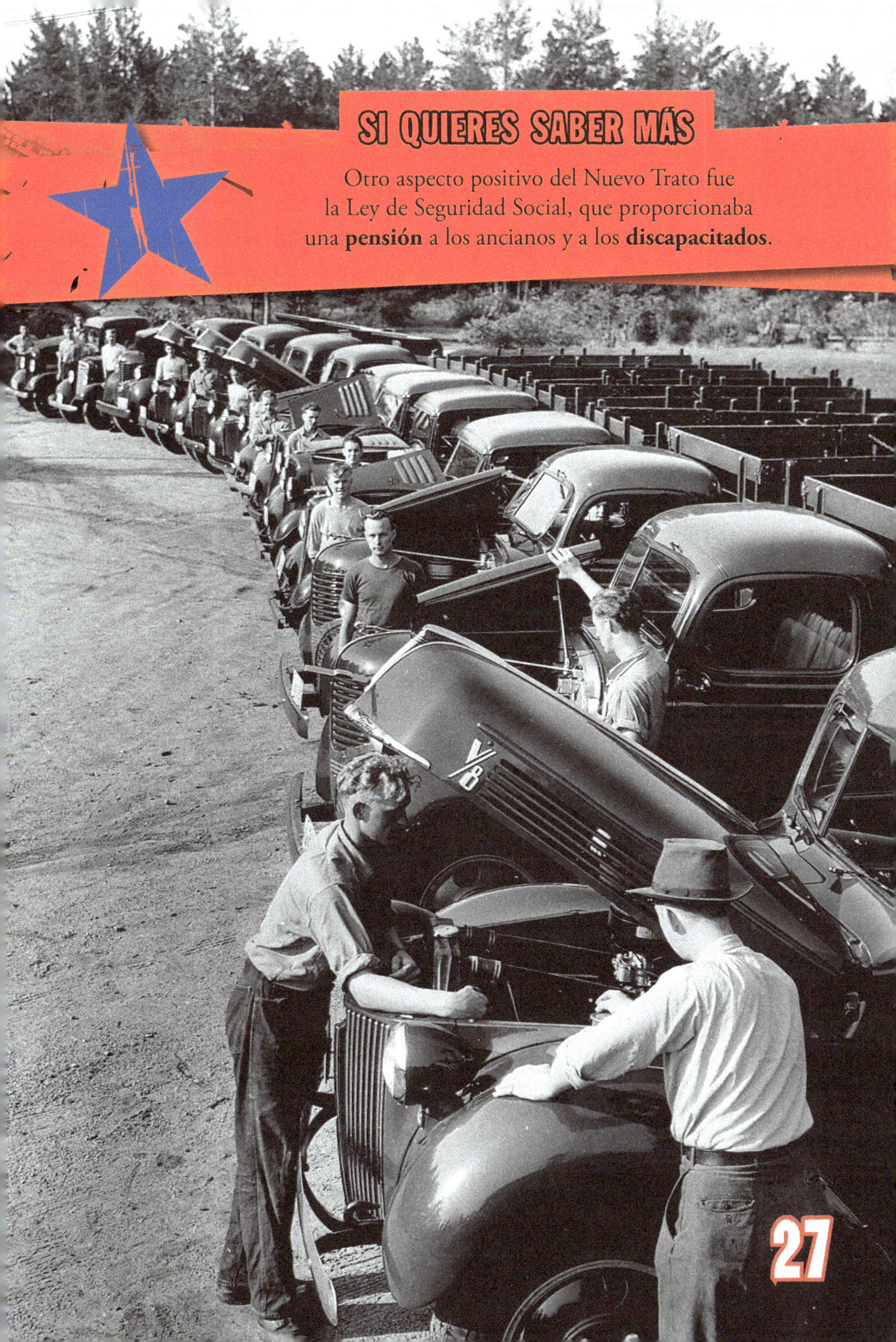

SI QUIERES SABER MÁS

Otro aspecto positivo del Nuevo Trato fue la Ley de Seguridad Social, que proporcionaba una **pensión** a los ancianos y a los **discapacitados**.

UNA LENTA RECUPERACIÓN

Poco a poco, Estados Unidos empezó a salir de la Gran Depresión. El país no se **recuperó** completamente sino hasta después de entrar en la Segunda Guerra Mundial, en 1941. Muchos estadounidenses se alistaron en las **fuerzas armadas** o encontraron empleo en fábricas de equipamiento militar.

SI QUIERES SABER MÁS

Estados Unidos nunca ha sufrido otra depresión. El Gobierno federal actúa cuando la economía entra en recesión para impedir que esta se convierta en depresión.

FECHAS CLAVE DE LA GRAN DEPRESIÓN

1929
La bolsa comienza a desplomarse en octubre, cuando se venden millones de acciones.

1930
La gente retira tal cantidad de dinero de los bancos que estos empiezan a quebrar.

1932
Franklin D. Roosevelt es elegido presidente de Estados Unidos.

1933
Roosevelt cierra los bancos hasta que estén suficientemente bien para reabrirlos.

1934
Se crea la Comisión de Bolsa y Valores (SEC) para supervisar las prácticas del mercado bursátil.

1935
Se aprueba la Ley de Seguridad Social. Los programas del Nuevo Trato crean empleo.

1936
Roosevelt es reelegido presidente.

1939
Comienza la Segunda Guerra Mundial.

1941
Estados Unidos entra en la Segunda Guerra Mundial: la economía mejora.

GLOSARIO

bono: documento donde un gobierno o una empresa se compromete a devolver la cantidad de dinero invertida por el particular más un interés.

crédito: dinero prestado, generalmente por un banco, que hay que devolver con determinadas condiciones.

discapacitado: incapaz de realizar algunas de las tareas de la vida cotidiana.

federal: relacionado con el gobierno nacional.

fuerzas armadas: cuerpos militares de un país (el Ejército, la Armada y la Aviación).

grave: muy malo, muy serio.

inversión: algo que alguien compra con la esperanza de que su valor aumente y pueda venderlo por más de lo que pagó.

miseria: pobreza extrema.

pensión: dinero pagado por una empresa o un gobierno a un anciano, un enfermo o un discapacitado que ya no trabaja.

producción: acción de elaborar, fabricar o cultivar algo para venderlo.

programa: plan de las cosas que deben hacerse para obtener un resultado concreto.

recuperarse: volver al estado normal después de un periodo difícil.

sequía: tiempo seco (sin lluvias) de larga duración.

PARA MÁS INFORMACIÓN

Libros

Lusted, Marcia Amidon. *The Great Depression: Experience the 1930s from the Dust Bowl to the New Deal.* White River Junction, VT: Nomad Press, 2016.

Pascal, Janet B. *What Was the Great Depression?* New York, NY: Grosset & Dunlap, 2015.

Sitios de internet

Historias de la historia
www.history.com/news/life-for-the-average-family-during-the-great-depression
Descubre más sobre la forma de vida durante la Gran Depresión.

Historia de Estados Unidos: La Gran Depresión
www.ducksters.com/history/us_1900s/great_depression.php
Lee más detalles interesantes de la Gran Depresión.

Nota del editor para educadores y padres: nuestro personal especializado ha revisado cuidadosamente estos sitios de internet para asegurarse de que son apropiados para los estudiantes. Muchos sitios de internet cambian con frecuencia, por lo que no podemos garantizar que posteriores contenidos que se suban a esas páginas cumplan con nuestros estándares de calidad y valor educativo. Tengan presente que se debe supervisar cuidadosamente a los estudiantes siempre que tengan acceso al internet.

ÍNDICE